# MÉMOIRE

# EAUX MINÉRALES DE LA HERSE

## SITUÉES PRÈS DE BELLÉME (ORNE)

### PAR M. L.-R. CHARAULT

PRÉPARATEUR DE PHYSIQUE AU LYCÉE IMPÉRIAL NAPOLÉON

Présenté à l'Académie de Médecine, dans sa séance du 27 juillet 1852.

———⬥⬥⬥———

PARIS.

IMPRIMERIE DE H. SIMON DAUTREVILLE ET Cⁱᵉ,

RUE NEUVE-DES-BONS-ENFANTS, 3.

—

1853.

# MÉMOIRE

SUR LES

# EAUX MINÉRALES DE LA HERSE

## SITUÉES PRÈS DE BELLÊME (ORNE).

**Par M. L.-R. CHARAULT**

PRÉPARATEUR DE PHYSIQUE AU LYCÉE IMPÉRIAL NAPOLÉON

Présenté à l'Académie de Médecine, dans sa séance du 27 juillet 1852 (1).

---

Il existe, dans la forêt de Bellême (Orne) (2), des eaux minérales qui jouissent dans les environs d'une assez grande célébrité, et sont douées de propriétés médicales qui les font rechercher. Ces eaux sont connues sous le nom d'*eaux minérales de la Herse*. Eloignées de Bellême d'environ trois kilomètres, elles sont situées

(1) L'Académie de médecine renvoya ce Mémoire, lors de sa présentation, à la commission des eaux minérales. Cette commission proposa, dans son rapport, de remercier l'auteur de la communication. Ces conclusions furent adoptées par l'Académie, qui ordonna l'impression du rapport dans les bulletins de ses séances.

(2) La forêt de Bellême est située à environ 20 myriamètres (40 lieues) de Paris; elle a trois myriamètres et demi (7 lieues) de tour, et formait autrefois une portion de l'apanage de Monsieur, comte de Provence, depuis Louis X′ 'I Ce prince y fit percer de longues routes, appelées *lignes*, et qui aboutissent à des fermes ou à des villages; elle est une fraction de l'ancienne et vaste forêt du Perche, désignée par les Romains sous le nom de *Saltus Perticus*, alors divisée en cantons connus sous diverses dénominations. Au vᵉ et viᵉ siècle, elle servit de retraite à plusieurs saints personnages, et plusieurs abbayes, aujourd'hui disparues, y furent construites vers le xᵉ siècle. Il reste encore de l'ancienne forêt du Perche, la forêt du même nom, celles de la Trappe, de Rèno, du Val-Dieu et de Perseigne, qui n'est séparée de celle de Bellême que par un très petit trajet.

La forêt de Bellême l'emporte beaucoup, pour la quantité et la qualité des bois, sur ces autres forêts; elle procure aux habitants de Bellême un genre de commerce considérable et fournit à la marine des pièces magnifiques; il existe dans cette forêt, canton dit *la Brevia*, des arbres qui ont plus de 40 mètres (120 pieds) de hauteur.

(*Les renseignements que nous venons de donner sur cette forêt, sont extraits d'un petit poème intitulé: la Forêt de Bellême, publié en 1828 par M. Maisony de Lauréal.*)

dans le fond d'un vallon, au centre d'une petite éclaircie couverte de gazon et près de l'habitation du garde-général. On y va par une allée, assez bien entretenue, partant de la route de Bellême à Mortagne ; elles sont entourées de tous côtés de collines peu élevées et formées d'un sable ferrugineux à un très haut degré. On peut comparer la teinte de quelques filons à celle de l'ocre rouge.

Il y a deux sources qui se rendent dans deux bassins contigus et inégaux. La quantité d'eau qu'elles fournissent ne paraît jamais varier d'une manière bien sensible ; des pierres, d'un calcaire dur et compact, reposant sur des assises de grès, forment les parois de ces bassins. Parmi celles qui font partie du plus grand, il y en a deux sur lesquelles on lit des inscriptions latines. La première, qui a environ 65 centimètres de hauteur, porte, sur la face tournée vers l'Occident, le mot

## APHRODISIVM.

L'autre, placée à gauche, formant angle droit avec la première, ayant 43 centimètres de hauteur sur 50 de large et faisant partie de la séparation des deux bassins, présente, du côté qui regarde le Nord, l'inscription suivante, en caractères plus petits que la première, et presqu'effacés par le temps :

DIIS INFERIS

VENERI

MARTI ET

MERCVRIO

SACRVM

Ces inscriptions ont un caractère remarquable d'ancienneté. Les habitants eux-mêmes en vantent l'antiquité et vont jusqu'à les attribuer aux Romains ; leur nature et la forme des lettres semblent confirmer cette opinion. Pour rassembler quelques renseignements sur leur origine, il a fallu consulter beaucoup d'auteurs ; nous allons exposer le résultat de nos recherches.

En 1607, René Courtin visita ces sources avec plusieurs personnes ; il nous apprend que les inscriptions venaient d'être remarquées quelque temps auparavant. Treize ans plus tard, en 1620, Bry de la Clergerie écrivit sous Louis XIII une histoire du pays et comté du Perche ; il habitait une campagne située à environ trois kilomètres de Bellême et connue encore aujourd'hui sous le nom de Château du

Tertre. Cet historien nous apprend que, de son temps, les eaux de la Herse étaient autant estimées par les médecins que celles de Pougues (Nièvre), ou de Forges (Seine-Inférieure), « tant on y voyait, dit-il, de guérisons presque miraculeuses. »

En 1775, parut un traité sur les eaux minérales de France, par Duclos, conseiller et médecin ordinaire du roi Louis XIV ; les eaux de la Herse y sont mentionnées sous le nom d'eaux minérales de Bellême. Voici ce qu'il en dit, page 124 : « L'eau prise au mois de » juillet était insipide et limpide ; en évaporant, elle est demeurée » limpide jusqu'à la fin, qu'il a paru à la surface une pellicule subtile; » l'évaporation étant achevée, il est resté très peu de terre grise, in- » sipide, un peu rude au toucher. »

En 1717, Baudelot, membre de l'Académie des inscriptions et belles-lettres, communiqua à cette même Académie la découverte des inscriptions de la Herse et fit de leur origine l'objet d'une dissertation ; il les attribua aux Romains et chercha à démontrer que Vénus, Mars et Mercure étaient bien en réalité des dieux infernaux, quoiqu'ils soient généralement regardés comme des divinités célestes ; car Vénus est connue aussi pour présider à l'Averne, Mars pour envoyer aux enfers plus de mortels que tous les autres dieux, et Mercure pour conduire leurs âmes à Caron. (Voir les Mémoires de l'Académie, tome III, p. 222.) Dans un ouvrage publié en 1787, et ayant pour titre : *Mémoire sur la ville d'Alençon et ses seigneurs*, M. Desnos (Dissertations préliminaires, tome I, page 24), fait mention de la dissertation de Baudelot. Il nous apprend que, lorsque le Christianisme s'établit dans ces contrées, il existait auprès de Mamers, à environ 7 kilomètres des sources, un temple dédié à Mars, et il fait venir le nom de cette ville de celui du dieu. Le Dictionnaire des sciences médicales (1817) et l'ouvrage de M. Pâtissier sur les eaux minérales de France (1818), signalent simplement les eaux de la Herse comme eau minérale de composition incertaine.

M. Briand de Verzé, dans son Dictionnaire de France (1831), et M. A. Hugo, dans la *France pittoresque* (1835), indiquent aussi leur existence, mais sans donner de détails sur leur histoire et leur composition.

M. Joseph Fret, dans son *Histoire dr Perche* (1838), après avoir rappelé les travaux de Baudelot et Desnos, et nous avoir appris qu'en 1770 M. Geoffroy, grand-maître des eaux et forêts de la généralité d'Alençon, avait fait nettoyer et réparer les bassins, signale les eaux de la Herse comme ayant produit d'excellents résultats dans les cas d'épuisement, d'affections calculeuses et d'affaiblissement des organes digestifs.

Un autre M. Desnos, parent du premier, pharmacien à Alençon, a publié le premier, dans l'*Annuaire normand* de 1840 (pages 562 et suivantes), une analyse des eaux de la Herse ; il y mentionne l'existence du fer, d'une matière bitumineuse et de quelques sels neutres peu abondants, sans indiquer en quelles proportions ces substances s'y trouvent. Du reste, cette analyse qualitative, la seule qu'il ait faite, concorde, comme on le verra, avec celle que nous donnons plus loin.

Enfin, M. Léon de la Sicotière, avocat à Alençon, a publié, dans l'*Orne pittoresque*, un résumé des travaux qui avaient été faits jusqu'à lui, tant sur les inscriptions que sur les propriétés attribuées aux sources.

Que les inscriptions aient été faites par les Romains, il n'y a pas à en douter ; mais, avant eux, les Essui, peuplade armoricaine, à laquelle César (*de Bello gallico*, liber v, § 24), donne pour capitale Saii (aujourd'hui Séez) (1), et qu'il désigne comme occupant ce pays, couvert alors de vastes forêts auxquelles il donne le nom de *Saltus Perticus*, avaient dû remarquer dans ces eaux une propriété qui leur est particulière : c'est de déposer dans leur lit et sur les corps qui peuvent y tomber, une substance fortement colorée en jaune, phénomène qu'on ne remarque pas dans les eaux d'alentour.

Lorsque les Romains arrivèrent dans cette partie des Gaules, la réputation dont jouissaient les fontaines dut fixer leur attention ; ayant reconnu leurs propriétés, ils crurent se les approprier en les plaçant sous la protection de leurs dieux, et il est plus que probable que, de cette époque, datent les inscriptions mentionnées plus haut.

Quant au nom de la Herse, sous lequel ces sources sont connues, il n'est pas facile de lui donner une origine certaine ; les uns croient que c'est un mot purement et simplement français ; les autres le font dériver du celtique, langue nationale des Essui. Sans vouloir nous prononcer entre ces deux opinions, nous ferons remarquer que le mot celtique *Ersia* signifie piscine, fontaine (2) : faudrait-il en conclure que de ce mot vient le nom de la Herse ? C'est ce que nous n'oserions prétendre ; dépourvus de renseignemens positifs, nous aimons mieux nous abstenir de toute discussion à cet égard.

(1) Distante des sources d'environ 40 kilomètres.

(2) Bullet : *Dictionnaire celtique.*

### Analyse de l'eau des sources.

---

La première, que nous appellerons grande source, a un bassin d'environ 95 centimètres de longueur, 70 de largeur, et 45 de profondeur. Les parois sont recouvertes d'un léger enduit jaunâtre ; ce dépôt se retrouve, en plus grande quantité, sur la surface des pierres qui forment le lit d'un ruisseau formé par la réunion des deux sources, et qui, serpentant dans la forêt, va se réunir au ruisseau de Chêne-Gallon, pour se jeter ensuite dans l'Huisne, affluent de la Sarthe.

Ce sont ordinairement les eaux de la grande source que prennent les personnes qui se rendent à la Herse ; elles sont limpides ; leur odeur est nulle ; leur saveur, au bout de quelques instants, est très légèrement astringente ; quant à leur température, voici comme elle a été déterminée : un thermomètre centigrade, à mercure, a été maintenu plongé dans la partie inférieure du bassin : le 21 janvier 1852, vers 3 heures du soir, on a trouvé + 8° 5 : la température de l'air était + 9°, par un temps couvert ; le 8 mai 1852, à la même heure, le même thermomètre a indiqué + 9° 5. La température de l'air était 18° 5, par un temps très clair ; depuis deux mois, la sécheresse était assez grande : les vents du Nord-Est soufflaient presque sans interruption.

Les eaux de cette source, gardées quelque temps dans un flacon fermé, déposent de légers flocons jaunâtres ; lorsqu'il y a quelque temps qu'elles n'ont été agitées, elles se recouvrent d'une pellicule irisée et extrêmement mince, d'une composition identique à celle du dépôt ; cette pellicule est connue dans le pays sous le nom de *crême*; elle est fort recherchée de ceux qui viennent prendre les eaux ; ils lui attribuent même une grande vertu.

Quant à l'autre source, que nous désignerons sous le nom de petite source, et dont le bassin a environ 80 centimètres de longueur, 35 de largeur et 45 de profondeur, elle a, d'après ce que l'on croit, des propriétés moins actives. Son bassin présente moins de dépôt jaunâtre; l'eau est également limpide; son odeur est nulle; sa saveur à peu près la même que celle de la grande source; sa température, prise aux mêmes époques, à quelques instants de distance et sous les mêmes influences atmosphériques, a été trouvée la même le 21 janvier et le 8 mai, c'est-à-dire de + 10°.

Les parois des bassins de ces deux sources, sont tapissées d'une assez grande quantité de conferves, légèrement colorées en jaune par une petite quantité de dépôt.

Aux deux époques désignées plus haut, environ 12 litres d'eau de chacune des sources ont été recueillis; les bouteilles qui les contenaient n'avaient jamais servi; elles ont été, ainsi que les bouchons, lavées à la source, remplies complètement et bouchées avec soin. On avait enduit leur goulot d'un mélange de cire et de suif fondu. Expédiées le lendemain à Paris, elles ont été soumises à l'analyse dès leur arrivée, environ 30 heures après le puisage.

Le tableau comparatif suivant fera connaître le résultat de l'analyse qualitative faite sur l'eau de chacune des sources :

| RÉACTIFS. | GRANDE SOURCE. | PETITE SOURCE. | OBSERVATIONS. |
|---|---|---|---|
| Papier tournesol bleu . . . . . . | Légère coloration rouge. . . . . . | Légère coloration rouge. | |
| Id. rouge. . . . . . | . . . . . . rien . . . . . . . . . . . | . . . . . rien. | |
| Sirop de violettes. . . . . . . . . | Légère coloration rouge. . . . . . | Légère coloration rouge. | |
| Solution de savon . . . . . . . | Trouble très sensible. . . . . . . Formation de grumeaux. . . . . . | Trouble très sensible. Formation de grumeaux. | |
| Acide oxalique. . . . . . . . . . | Précipité blanc. . . . . . . . . . . | Précipité blanc. . . . . . . . . . . | Lent à se produire. |
| Potasse . . . . . . . . . . . . . . | Rien d'abord ; puis précipité blanc. | Rien d'abord ; puis précipité blanc. | Lent à se produire. Ce précipité est du carbonate de chaux. |
| Chlorure de barium. . . . . . . . | Trouble sensible. . . . . . . . . . | Trouble sensible. | |
| Azotate de plomb. . . . . . . . . | Précipité blanc abondant. . . . . | Précipité blanc. | |
| Cyanoferrure de potassium . . . . | Rien de sensible. . . . . . . . . . | Rien de sensible. | |
| Cyanoferride id . . . . . . . | . . . Idem. . . . . . . . . . . . . . | . . . Idem. | |
| Sulfhydrate de soude. . . . . . . . | . . . Idem . . . . . . . . . . . . . | . . . Idem. | |
| Oxalate d'ammoniaque . . . . . | Précipité blanc . . . . . . . . . . | Précipité blanc. | |
| Phosphate d'ammoniaque . . . . | Louche au bout de quelque temps. | Louche au bout de quelque temps. | Très lent à se produire. |
| Infusion de noix de Galles. . . . | Coloration presque nulle. . . . . | Coloration presque insensible. . . . | Ayant rempli avec l'eau de la grande source une cuve en chêne d'environ 4 mètre de profondeur, l'eau , vue en masse, a présenté au bout de douze heures une teinte noirâtre, assez prononcée pour qu'il fût impossible de distinguer le fond de la cuve. |
| Sulfocyanure de potassium. . . . | Coloration rougeâtre à peine appréciable. | Coloration rougeâtre encore plus faible que la précédente. | |
| Teinture alcoolique de campêche. | . . . . . . . Rien . . . . . . . . . . | . . . . . . . rien. | |
| Eau de chaux. . . . . . . . . . . | Très léger précipité blanc avec un excès de réactif. | Très léger précipité blanc avec un excès de réactif. | |
| Acétate basique de plomb.. . . . | Précipité blanc abondant . . . . . | Précipité blanc abondant. | |
| Azotate d'argent.. . . . . . . . . . | Précipité blanc de chlorure . . . . | Précipité blanc de chlorure. | |

Ainsi que nous l'avons dit plus haut, on a puisé de l'eau de chacune des sources aux deux époques où l'on a déterminé la température: environ 12 litres ont été évaporés dans une bassine d'argent. Chaque source a donc ainsi fourni deux analyses quantitatives, dont les résultats ont offert une assez grande concordance.

### Grande source.

1,000 grammes d'eau, soumis à l'ébullition, se sont légèrement troublés. Ils ont laissé dégager un mélange gazeux, qui, soumis à l'analyse, a donné les résultats suivants, ramenés à la température 0° et à la pression 0 m. 76.

|  | Eau recueillie le 21 janvier. | Eau recueillie le 8 mai. | Moyenne. |
|---|---|---|---|
| Acide carbonique. . . . | 7,192 cent. cubes | 7,189 | 7,192 |
| Oxygène. . . . . . . | 5,020 | 5,024 | 5,0 2 |
| Azote. . . . . . . . | 17,257 | 17,255 | 17,256 |
| Volume gazeux dégagé. . . | 29,469 | 29,468 | 29,470 |

Ayant abandonné quelque temps à elle-même l'eau qui avait été soumise à l'ébullition, il s'est formé un précipité de carbonate de chaux, coloré en jaune par de l'hydrate de sesqui-oxyde de fer ; 1,000 grammes d'eau évaporés ont laissé un résidu, coloré en jaune, attirant l'humidité de l'air. Le tableau suivant offrira les résultats donnés par l'analyse :

|  | Eau recueillie le 21 janvier. | Eau recueillie le 8 mai. | Moyenne. |
|---|---|---|---|
| Chlorure de calcium. . . . . . | 0ᵍ0245 | 0ᵍ0261 | 0ᵍ0253 |
| Id. de sodium . . . . . . } | 0 0070 | 0,0100 | 0,0085 |
| Id. de magnésium. . . . . } | | | |
| Sulfate de chaux . . . . . . . . | 0,0042 | 0,0056 | 0,0049 |
| Id. de soude . . . . . . . } | 0,0020 | 0,0026 | 0,0023 |
| Id. de magnésie . . . . . . } | | | |
| Acide silicique. . . . . . . . | 0,0300 | 0,0300 | 0,0300 |
| Carbonate de chaux. , . . . . | 0,1109 | 0,1105 | 0,1 107 |
| Id. de magnésie. . . . . . | 0,0030 | 0,0030 | 0,0030 |
| Sesqui-oxyde de fer. . . . . . . | 0,0089 | 0,0005 | 0,0092 |
| Iodure de potassium. . . . . . | traces. | traces. | traces. |
| Matières organiques. . . . . . | traces. | traces. | traces. |
| Perte. . . . . . . . . . . | 0,0058 | 0,0070 | 0,0064 |
| Résidu laissé par 1,000 ᵍʳ d'eau . . | 0ᵍ1963 | 0ᵍ2043 | 0ᵍ2003 |

La quantité de fer métallique que contiennent 1,000 grammes d'eau, est de 0ᵍ 0063.

### Petite source.

1,000 grammes d'eau, soumis à l'ébullition, se sont légèrement troublés. Ils ont laissé dégager un mélange gazeux, qui, soumis à l'analyse, a donné les résultats suivants, ramenés à la température 0°, et à la pression 0 m. 76.

| | Eau recueillie le 21 janvier. | Eau recueillie le 8 mai. | Moyenne |
|---|---|---|---|
| Acide carbonique. . . . . | 6,261 cent. cubes | 6,273 | 6,267 |
| Oxygène. . . . . . . . . | 4,3 | 4,302 | 4,301 |
| Azote. . . . . . . . | 15,159 | 15,173 | 15,166 |
| Volume gazeux dégagé. . | 25,720 | 25,748 | 25,734 |

Ayant abandonné quelque temps à elle-même l'eau qui avait été soumise à l'ébullition, il s'est formé un précipité de carbonate de chaux, coloré en jaune par du sesqui-oxyde de fer ; 1,000 grammes d'eau évaporés, ont laissé un résidu coloré en jaune, attirant légèrement l'humidité de l'air. Le tableau suivant offrira les résultats donnés par l'analyse :

| | Eau recueillie le 21 janvier. | Eau recueil ie le 8 mai. | Moyenne. |
|---|---|---|---|
| Chlorure de calcium. . . . . . . | 0ᵍ0260 | 0ᵍ0258 | 0ᵍ0259 |
| Id. de sodium . . . . . . | } 0,0096 | 0,0100 | 0,0098 |
| Id. de magnésium. . . . . | | | |
| Sulfate de chaux. . . . . . . | 0,0046 | 0,0052 | 0,0049 |
| Id. de soude . . . . . . . | } 0,0020 | 0,0020 | 0,0020 |
| Id. de magnésie. . . . . . | | | |
| Acide silicique. . . . . . . . . | 0,0300 | 0,0360 | 0,0330 |
| Carbonate de chaux. . . . . . | 0,1120 | 0,1080 | 0,1100 |
| Id. de magnésie. . . . . | 0,0052 | 0,0042 | 0,0047 |
| Sesqui-oxyde de fer . . . . . . . | 0,0031 | 0,0033 | 0,0032 |
| Iodure de potassium. . . . . . . | traces. | traces. | traces. |
| Matières organiques. . . . . . . | traces | traces. | traces. |
| Perte . . . . . . . . . . . | 0,0079 | 0,0065 | 0,0072 |
| Résidu laissé par 1,000 ᵍʳ d'eau . . . | 0ᵍ2004 | 0ᵍ2010 | 0ᵍ2007 |

La quantité de fer métallique que contiennent 1,000 grammes d'eau, est de 0ᵍ,0022.

### Analyse du dépôt.

Afin de déterminer quelles étaient la nature et la proportion des substances qui formaient le dépôt laissé par l'eau des sources, on a recueilli dans le lit du ruisseau des pierres sur lesquelles il s'était accumulé ; elles ont été frottées avec une brosse neuve, dans de l'eau des sources contenue dans une capsule de porcelaine ; on a ainsi détaché de leur surface une certaine quantité de dépôt, qui, séché et calciné, a donné par l'analyse, sur 100 grammes, les résultats suivants :

| | | |
|---|---|---|
| Acide silicique . . . . . . . . . | 34 | 64 |
| Carbonate de magnésie. . . . . . | 0 | 10 |
| Carbonate de chaux. . . . . . . . | 9 | 96 |
| Sesqui-oxyde de fer. . . . . . . | 55 | 30 |
| | 100 | 00 |

L'acide silicique provenait très probablement des pierres du ruisseau qui étaient des silex. Si on en faisait abstraction, on aurait alors pour la composition du dépôt des sources :

| | | |
|---|---|---|
| Carbonate de chaux . . . . . . . . | 15 | 26 |
| Carbonate de magnésie. . . . . . . . | 0 | 20 |
| Sesqui-oxyde de fer. . . . . . . . . | 84 | 54 |
| | 100 | 00 |

En rapprochant entre eux les résultats de l'analyse des deux sources, on voit d'abord que les substances qui s'y trouvent sont les mêmes ; leurs propriétés doivent être analogues ; la petite source, les renfermant en moindre proportion, doit être nécessairement moins active, et nous avons vu, en effet, qu'on la regarde comme telle.

La légère réaction acide que ces eaux présentent, est évidemment due à la présence du gaz acide carbonique, qui y existe à l'état de dissolution ; elles sont peu riches en fer ; il y existe à l'état de carbonate de sesqui-oxyde, dissous à la faveur du gaz acide carbonique ; ceci est suffisamment démontré par l'existence de l'oxygène dissous dans cette eau et par la faible proportion du fer ; on sait, en effet, que le carbonate de sesqui-oxyde, n'est que très peu soluble dans une eau chargée d'acide carbonique. Si on examine la nature du dépôt, on voit en outre que ces eaux sont incrustantes, et que le résultat de l'incrustation est un mélange de carbonate de chaux et de carbonate de magnésie, coloré en jaune par une très forte proportion d'hydrate de sesqui-oxyde de fer. Il était intéressant de vérifier si la comparaison que l'on avait faite des propriétés des eaux de la Herse et de celles de Forges était exacte. A cet effet, on a rapproché les analyses précédentes de l'analyse des eaux de Forges, faite par M. Henry, et qu'il a publiée dans les *Bulletins de l'Académie de médecine*, année 1844-1845, page 985. Ce rapprochement fait voir que les eaux de la Herse sont moins riches en carbonate de chaux et en acide carbonique que les eaux de Forges. En revanche, elles contiennent du chlorure de calcium et de l'oxygène, substances que les eaux de Forges ne renferment pas. La source Reinette, la moins riche en fer des trois sources de Forges, en renferme deux fois plus que la grande source de la Herse (1) ; de plus, le fer existe dans les trois sources de Forges à l'état de crénate de pro-

(1) La source Reinette renferme, sur 1,000 gr. d'eau, 0ᵍ 0105 de fer métallique. La grande source de la Herse, renferme sur la même quantité d'eau, 0ᵍ 0063.

toxyde, tandis que les eaux de la Herse le renferment à l'état de carbonate de sesqui-oxyde. Nous pensons donc que l'on peut conclure de ce qui précède, que les eaux de la Herse sont froides, faiblement ferrugineuses et légèrement incrustantes : enfin, que leur énergie comme eau ferrugineuse est inférieure à celle des eaux de Forges. Il importait enfin de rechercher si, quoique peu riches en fer, les eaux de la Herse pouvaient néanmoins contenir de l'arsenic; on sait, en effet, d'après la découverte de M. Walchner et les expériences de MM. O. Henry, Tripier et Chevallier, professeur à l'École de Pharmacie de Paris, que les eaux ferrugineuses de l'Allemagne en renferment une très petite quantité; en 1848, M. Chatin, collègue de M. Chevallier, a le premier découvert la présence de l'arsenic dans les eaux ferrugineuses de la France, en constatant qu'il s'en trouvait dans les dépôts formés par une source du parc de Versailles.

Pour reconnaître si les eaux de la Herse en contenaient également, 52 $^g$ 35 de dépôt, recueilli comme il a été dit précédemment, ont été traités par de l'acide sulfurique pur, étendu d'eau distillée; cette dissolution, introduite dans un appareil de Marsh, nous a donné les taches caractéristiques de l'arsenic; néanmoins, la quantité de ce dernier corps n'a pas été assez considérable pour qu'on ait pu le doser ou produire l'anneau. Un second appareil, rempli avec de l'eau des sources, n'a pas offert de traces d'arsenic. Dans ces deux expériences, on a eu soin de faire en même temps une contre-épreuve, en opérant sur les mêmes quantités de zinc distillé, d'eau distillée et d'acide sulfurique pur; aucune trace d'arsenic n'a été trouvée dans ces réactifs; les appareils étaient tous exactement semblables; les flacons et les tubes, n'ayant jamais servi, avaient été lavés d'abord à l'acide azotique pur, plusieurs fois à l'eau distillée, et enfin desséchés.

Ces expériences mettent donc hors de doute la présence de l'arsenic dans les eaux de la Herse ; n'en contenant cependant qu'une très petite quantité, elles ne peuvent avoir la moindre influence sur la santé de ceux qui n'en font qu'un usage passager; cette quantité est si faible, en effet, qu'elle ne dépasse certainement pas une fraction de milligramme dans une cinquantaine de litres, et, par conséquent, ne devient sensible que par un usage prolongé de ces eaux ; néanmoins, cette présence de l'arsenic doit nécessairement contribuer à leur donner, en partie, les propriétés médicinales qu'on leur a reconnues. On n'a pas, jusqu'ici, constaté l'existence de ce métal dans les eaux de Forges.

Les terrains qui forment le fond du vallon, sont extrêmement humides, et constituent, en quelques endroits, de véritables marécages, connus dans le pays sous le nom de *Molins* de la Herse. Ces endroits, inabordables il y a une quarantaine d'années, deviennent chaque jour plus accessibles, grâce aux travaux de dessèchement entrepris sous la surveillance des gardes-généraux. Au nord-ouest des sources, et de l'autre côté de la route de Bellême à Mortagne, existe un étang, formé par la réunion des différentes sources qui prennent naissance dans la partie ouest du vallon. Il en sort un ruisseau, dont les eaux vont se mêler à celles du ruisseau né des sources de la Herse. Plusieurs habitants de la campagne attribuent aux eaux de l'étang des propriétés, malfaisantes à un très haut degré : ils les désignent sous le nom d'eaux rouges. Ils citent des exemples de personnes qui, pour s'être baignées ou pour avoir travaillé dans ces eaux, ont été privées de l'usage de l'un ou de plusieurs de leurs membres ; leur odeur et leur saveur sont nulles ; une analyse qualitative nous a indiqué que cette eau, loin de contenir des substances nuisibles à la santé, pouvait être regardée, au contraire, comme une eau très pure ; elle contient de petites quantités de chlorures de calcium, de magnésium et de sulfates de chaux et de magnésie. Le tableau suivant indiquera les phénomènes qu'ont offert les principaux réactifs :

| RÉACTIFS. | EAU DE L'ÉTANG. | OBSERVATIONS. |
|---|---|---|
| Papier tournesol bleu. . . | . . . . . rien. | |
| Idem. . . . rouge . . | . . . . . id. | |
| Solution de savon. . . . | Léger trouble. | |
| Acide oxalique . . . . . . | Louche à peine sensible. | Lent à se produire. |
| Potasse . . . . . . . . . . . . | . . . . . rien. | |
| Chlorure de barium. . . . | Louche à peine sensible. | |
| Azotate de plomb. . . . | Précipité blanc. . . . . | Moins abondant que dans |
| Idem d'argent. . . . | Précipité blanc de chlorure | l'eau des sources. |
| Cyanoferrure de potassium | . . . . . rien. | |
| Cyanoferride idem. . | . . . . . id. | |
| Oxalate d'ammoniaque. . | Très léger précipité. | |
| Phosphate d'ammoniaque. | Louche à peine appréciable | Au bout de douze heures. |
| Sulfocyanure de potassium | . . . . . rien. | |
| Eau de chaux. . . . . . . | . . . . . id.. . . . . . . . | Elle était ajoutée peu à peu. |
| Acétate basique de plomb. | Précipité blanc. . . . . | Moins abondant que dans |
| | | l'eau des sources. |

Ce qui pourrait avoir fait croire au caractère malfaisant de ces
eaux, c'est qu'il y a deux mois environ, l'étang, situé dans un fond,
était entouré d'arbres touffus. Lorsque, par une chaude journée
d'été, on descendait sur ses bords, on éprouvait un sentiment de
fraîcheur extrêmement vif ; on comprend donc que si quelqu'un se
baignait durant les chaleurs de l'été, dans une eau dont la température était aussi basse, il pouvait se déclarer des accidents qui,
n'ayant pas lieu dans une eau exposée au soleil, ont été attribués
à une qualité malfaisante de l'eau. Depuis deux ans, on a beaucoup éclairci les alentours ; les rayons du soleil pouvant actuelle-
ment pénétrer dans le bas-fond, cette fraîcheur est beaucoup moins
sensible : depuis cette époque, rien n'indique qu'il y ait eu de nou-
veaux accidents à déplorer.

———

Je citerai le passage suivant, extrait d'une lettre qui me fut adres-
sée, au mois de janvier dernier, par M. Jousset, docteur-médecin à
Bellême.

« . . . Les malades qui furent dirigés vers la Herse, étaient plus
généralement atteints de lésions chroniques des organes de la diges-
tion, de gastrites chroniques, de gastralgies. Y furent envoyés les
hystériques, les hypocondriaques, les chlorotiques, les leucorrhéi-
ques, ceux qui subissaient une débilité quelconque, peu importait
l'origine ou la cause, et qui étaient en état d'être transportés ; la
classe si intéressante et si nombreuse de ceux atteints de névrose et
de lésion du sentiment. Rien de plus simple que le procédé : les malades vont ordinairement le matin à jeûn ou pourvus de la nourri-
ture, indispensable pour quelques-uns, dans la saison propice, c'est-
à-dire pendant les mois de juin, juillet et août, en groupes plutôt
qu'isolés ; car l'isolement ne vaut rien à des malades, déjà trop
préoccupés de leurs souffrances présentes, des incertitudes de l'ave-
nir, martyrs de leurs pensées ; d'ailleurs, la monotonie de la course
leur cause bientôt un ennui insupportable, qui les fait renoncer à ce
moyen ; arrivés à la fontaine, après s'être transportés à pied, autant que possible, les malades, s'ils sont en sueur, s'abstiennent,
attendent, sinon boivent immédiatement, se promènent un instant,
boivent encore, se promènent de nouveau, et continuent, suivant la
vigueur et la capacité de chacun.

» L'usage des eaux est continué un mois et prolongé à un mois 1/2 ou deux mois, selon la nécessité. Quel a été finalement le résultat ? Il n'a jamais fait défaut, pas même une seule fois, à ceux qui n'ont pas manqué de persévérance ; la répétition, l'année suivante, a parfois été nécessaire, quand les causes de détriment n'ont pas été écartées. N'ont point été soumis à l'usage de ces eaux, les incurables, ni ceux pour lesquels ce genre de médication n'était pas indiqué : ceci est la part du diagnostic. »

234. — Imprimerie H. Simon Dautreville, rue N⁻-des-Bons-Enfants, 3.

www.ingramcontent.com/pod-product-compliance
Lightning Source LLC
Chambersburg PA
CBHW060730280326
41933CB00013B/2587